AF139068

Christoph Janßen

Lieber nackt als im Mantel

Aberglaube am Theater

**Bibliografische Information
der Deutschen Nationalbibliothek**
Die Deutsche Nationalbibliothek verzeichnet diese
Publikation in der Deutschen Nationalbibliografie;
detaillierte bibliografische Daten sind im Internet über
http://dnb.d-nb.de abrufbar.

1. Auflage 2015
© Christoph Janßen
Fotografie Umschlag von derthomasonline / photocase.de
Gesetzt aus Day Roman, 10 Punkt
Herstellung und Verlag:
BoD – Books on Demand, Norderstedt
Printed in Germany
ISBN 978-3-7386-5169-0

Für Maik
und meine Freunde
an den Schauspiel- und Opernhäusern

Der Aberglaub', in dem wir aufgewachsen,
verliert, auch wenn wir ihn erkennen,
darum doch seine Macht nicht über uns. –
Es sind nicht alle frei, die ihrer Ketten spotten.

GOTTHOLD EPHRAIM LESSING

PROLOG

Was SHAKESPEARE wohl dazu sagen würde? In Theatern, Opern- wie Schauspielhäusern, nicht nur hierzulande, wird es tunlichst vermieden, seine Tragödie MACBETH beim Namen zu nennen. Verheißungsvoll ist immer nur die Rede von »dem schottischen Stück.«

Und falls doch einmal jemand, sei es aus Unachtsamkeit oder banaler Ungläubigkeit, das verbotene Wort ausspricht – Macbeth – darf es ihn nicht wundern, falls sich sein Gegenüber unvermittelt drei Mal um die eigene Achse dreht oder gar abrupt gen Ausgang stürzt.

Klingt vielleicht skurril, kann aber passieren jenseits des roten Vorhangs, mitten in der zauberhaften Welt des Theaters. Zauberhaft bezieht sich dabei in diesem Buch weniger darauf, was sich auf den Brettern, die die Welt bedeuten, abspielt, sondern zauberhaft verweist auf den folgenden Seiten vielmehr auf den abergläubischen Kult, den Glauben an Zauber, Flüche und Theatergeister, der sich über die Jahrhunderte hinter der Bühne und rund um das Theater etabliert hat.

»Tempel des Aberglaubens« nennt PETER DANZIGER die Theater nicht ohne Grund und stellt in seinem Nachschlagewerk rund um das Theater, DIE ALPHABETISCHE THALIA, fest: Naturgesetze und Analogieschlüsse des gesunden Menschenverstandes sind im Theater aufgehoben.

Wenngleich, bei genauer Betrachtung lässt sich so manches Verhalten durchaus sehr gut mit gesundem Menschenverstand nachvollziehen. Dieses kleine Buch will eine Hilfe dabei sein, die auf den ersten Blick bisweilen verstörenden Regularien und abergläubischen Brauchtümer rund um die Theaterbühnen zu verstehen. Für diejenigen unter Ihnen, die bislang kaum oder gar keine Berührung damit hatten, ist es genauso gut Reiseführer beim ersten Ein- oder Abstieg in die unglaubliche Welt der Theatergeister.

So oder so: Meine Recherchen haben spannende und aufschlussreiche Ergebnisse zu Tage gefördert, die Ihnen hoffentlich gleichermaßen Freude bereiten wie mir während der Arbeit an diesem Buch.

*

Frei nach dem in Theaterkreisen gerne zitierten Motto »Dezenz ist Schwäche« steigen wir in das Thema Aberglaube am Theater mit viel Tamtam ein:

Donner und Blitz. Dann: Auftritt dreier Hexen.

Damit beginnt die erste Szene in besagtem schottischen Stück. Die drei Hexen als Personifizierung des Übernatürlichen, des Schicksals, beschwören im Folgenden mit Flüchen das Unglück herauf.

> Unheilsschwestern, Hand in Hand
> Schwärmend über Meer und Land,
> Ziehen so rundum, rundum.
> Dreimal dein und dreimal mein,
> Und dreimal noch, so macht es neun!
> Still! - Der Zauber ist geknüpft.
> MACBETH, 1. Akt, 3. Szene

Die Verwünschungen aus dem Drama übertragen sich, so der Aberglaube in Theaterkreisen, schon beim bloßen Aussprechen des Titels auf das jeweilige Schauspielhaus. Noch gefährlicher wäre einzig, wenn direkt aus dem Stück rezitiert würde. Schlimmstenfalls die Szenen mit den drei Hexen. Nicht auszudenken, was das zur Folge haben könnte!

Also nimmt man in Theatern das Wort Macbeth aus Sicherheitsgründen tunlichst nicht in den Mund. »Call it ‚that Scottish play‘« lautet die Verhaltensanweisung, wenn wir dafür auf SHAKESPEARES Muttersprache zurückgreifen. »Nenn‘ es das schottische Stück.«
Die möglichen Ursachen der Angst vor MACBETH sind dabei ganz und gar nicht fern von dieser Welt.

Die Tragödie entwickelte sich nach ihrer Veröffentlichung schnell zum Kassenschlager an den Theatern. Daher war es kein gutes Zeichen, wenn sie, gerade an den kleineren Häusern, zum Ende einer Saison noch eilig auf den Spielplan genommen wurde. War dies doch oft ein Indiz dafür, dass es finanziell alles andere als rosig aussah. Mit der Inszenierung von Shakespeares Straßenfeger wurde ein letzter Versuch unternommen, finanziell noch »die Kurve zu kriegen« und das Theater vor dem Ruin zu bewahren. Scheiterte dieser Rettungsversuch, so war das schottische Stück auch gleich das letzte Stück dieses Theaters überhaupt.

Eine andere Möglichkeit, die Angst vor diesem Stück zu erklären, ist die erhöhte Verletzungsgefahr für die Schauspieler: Zahlreiche Kampfszenen prägen die Tragödie. Da die Darsteller in früheren Zeiten oft kein besonderes oder gar kein Fechttraining erhielten, war bei Inszenierungen des schottischen Stücks das Risiko besonders hoch, schwere Blessuren davonzutragen.

Auch die Unruhen um zwei Aufführungen von MACBETH in New York am 10. Mai 1849, der sogenannte ASTOR PLACE RIOT, tragen ihren Teil zu dem Mythos bei. Zwei rivalisierende Schauspieler standen an jenem Abend in der Rolle von Macbeth auf der

Bühne: EDWIN FORREST am BROADWAY THEATRE und nur wenige Häuserblocks entfernt WILLIAM CHARLES MACREADY im ASTOR OPERA HOUSE. An letzterem fanden sich deshalb mehrere tausend Forrest-Fans ein, die das ankommende Publikum beschimpften. Hunderte von ihnen hatten sich außerdem Karten für die oberen Ränge des Opernhauses gesichert. Von dort pfiffen sie während der Vorstellung den Protagonisten aus, bewarfen ihn mit Abfällen und demolierten die Bestuhlung. Die Auseinandersetzungen eskalierten und mussten schließlich durch die Nationalgarde beendet werden. Bilanz: Über 120 Verletzte und mindestens 25 Tote. Kein wirklich gutes Omen für MACBETH.

Lassen wir Krawalle und Verletzungen einmal außen vor: Vermutlich hätte es SHAKESPEARE mit Stolz erfüllt, dass MACBETH seine Wirkung über die Bühne hinaus entfaltet und bis heute derartigen Einfluss auf das Theaterleben besitzt.

An dem schottischen Stück und dem Umgang der Theaterwelt damit lässt sich hervorragend aufzeigen, wie der Aberglaube am Theater funktioniert. Im nächsten Kapitel werden wir uns noch einmal genauer das »Handwerkszeug« eines guten Aberglaubens ansehen.

Und natürlich behalten wir im Auge, was ein Theatermensch tun kann, wenn doch einmal gegen das Regelwerk verstoßen wurde – wir werden also auch in die kleine Hausapotheke des Theateraberglaubens blicken.

Was wir an dieser Stelle noch festhalten sollten: Genauso wie in der Welt außerhalb des Theaters gibt es kontroverse Standpunkte zu Glauben beziehungsweise Aberglauben. Sind die einen der Überzeugung, dass der Theateraberglaube dem Bühnenraum und den Theatersälen seine Seele einhaucht wie es religiöse Brauchtümer bei einem Gotteshaus tun, so reagieren andere – nennen wir es: säkularisierter. Es gibt viele Schauspielerinnen, Schauspieler und sonstige Theaterangehörige, die sich aus den zahlreichen Spielarten und Regularien des Theateraberglaubens nichts machen.

SOPHIE SCHMIDT, 2011 bis 2014 festes Ensemblemitglied am WESTFÄLISCHEN LANDESTHEATER CASTROP-RAUXEL (WLT), ist mit Jahrgang 1989 unstrittig der jüngeren Generation Schauspieler zuzuordnen. Sie setzt sich in ihrer Kolumne auf der Website des WLT mit der uralten, schwarzen Ader des Theateraberglaubens durchaus auch kritisch auseinander, stellt aber schließlich fest: »Mir scheint, sie pocht immer stärker mit zunehmender Berufserfahrung.«

I. POESIE DES LEBENS

»Warum zum ... ?« Diese Frage wird vermutlich so mancher der Bräuche am Theater, mit denen wir uns auf den folgenden Seiten auseinandersetzen, aufwerfen. Wo möglich, wird es Antworten oder besser gesagt Antwortansätze geben. Aber klopfen wir das Thema Aberglaube zunächst einmal ganz allgemein theoretisch ab. Denn die Faktoren, die ihn grundsätzlich ausmachen, spielen auch bei den abergläubischen Strömungen am Theater eine Rolle.

Reden wir von Aberglauben, geht es in den meisten Fällen um Rituale. Um einst sinnvolle Handlungen, die erst zur Gewohnheit gemacht, dann weiter und weiter überliefert wurden. Dabei verloren sie über die Jahrhunderte ihren ursprünglichen Sinn. DITTE UND GIOVANNI BANDINIS KLEINES LEXIKON DES ABERGLAUBENS beschreibt diese Rituale als Richtschnur zur Erhaltung von Traditionen und zur Weitergabe von alten Sitten über Generationen hinweg. Bis ins Hier und Jetzt. Denn seien wir ehrlich: Wer kennt (oder praktiziert) nicht das »auf Holz klopfen«, um das just ausgesprochene, angestrebte Ziel nicht zu verfehlen? Wem ist kein Skeptiker bei Verabredungen an einem Freitag, den 13., bekannt? Oder warum vermeiden es viele Menschen, unter Leitern hindurch zu schreiten?

Diese Beispiele deuten darauf hin, dass die Gegenwart kaum weniger abergläubisch als das Mittelalter ist, welches gemeinhin als Ursprung des Aberglaubens ausgemacht wird. Wobei es für den Schriftsteller JEAN-CLAUDE BOLOGNE nicht das Gebaren an sich, sondern vor allem die Haltung gegenüber einem Gegenstand oder einer Handlung ist, die den Aberglauben ausmacht.

Im Mittelalter wie heute ist es eher die Bildung als die Evangelisation, die den Aberglauben am ehesten zurückzudrängen vermag. JEAN-CLAUDE BOLOGNE stellt in MAGIE UND ABERGLAUBE IM MITTELALTER fest: »Die Überbleibsel der Wissenschaftsgläubigkeit überzeugen uns, dass die Vernunft, die sich mit vermehrtem Wissen verbreitet, über das Irrationale triumphieren wird.«

Indes: Wir haben es am Theater doch im Wesentlichen mit gut ausgebildeten Menschen zu tun, besonders die Akteure auf der Bühne verfügen in der Regel über überdurchschnittliche Allgemeinbildung besonders im klassischen Bildungssegment. Wie kommt es dann dennoch dazu, dass Theater Tempel des Aberglaubens werden können?

BOLOGNE erklärt: »Das Irrationale auf einem Gebiet zu akzeptieren, heißt nicht, dass wir es durchwegs annehmen müssen.«

Und für manche bedeutet es schlicht, dem Leben etwas Zauber einzuhauchen. »Der Aberglaube ist die Poesie des Lebens.« Dieses Diktum stammt von niemand geringerem als JOHANN WOLFGANG VON GOETHE.

Was des einen Segen, ist des anderen Fluch. GERHARD STADELMAIER erzählt in LETZTE VORSTELLUNG. EINE FÜHRUNG DURCHS DEUTSCHE THEATER von einer nicht ganz gewöhnlichen Probe für FAUST: Der Darsteller des Mephistopheles ist auf der Bühne außer sich. »Schmeiß sie raus! Schmeiß sie alle raus!«, schreit er. Auf Bitte des Regisseurs verlassen der Regieassistent, die Referentin, die Souffleuse, der Bühnenbildner, die Bühnenbildassistentin, der Dramaturg und die Dramaturgiehospitantinnen den Saal. Es bleiben: Der Regisseur und der Schauspieler. Letzterer gibt jedoch keine Ruhe, verlangt weiterhin, immer hysterischer, sie alle rauszuschmeißen. In Panik versetzt wird der Schauspieler, wie er sodann erklärt, durch Gustaf Gründgens, Emil Jannings und viele andere mehr – allesamt verstorbene Mephistopheles-Darsteller.

STADLMAIER fasst anschließend treffend zusammen: »Der Schauspieler fürchtet schon die Gesellschaft der Lebenden. Aber er fürchtet nichts so sehr wie die Gesellschaft der Toten.«

Spätestens auf dieses Stichwort hin bedarf es der Auseinandersetzung mit den Theatergeistern. Sie gütig zu stimmen ist schließlich das große Ziel des Aberglaubens. Allein ihretwegen gilt es beispielsweise, des Nachts im Theater das sogenannte »Geisterlicht« einzuschalten. Es spendet gerade genug Licht, damit Bühne und Saal ausreichend illuminiert sind. So haben die Geister die Möglichkeit, die Höhepunkte ihrer Theaterkarrieren noch einmal auf die Bühne zu bringen. Dies ist übrigens auch der Grund, weshalb mindestens einmal in der Woche spielfrei ist. Dieser Tag räumt den Theatergeistern genug Zeit ein, in vergangenen Zeiten zu schwelgen und ihre großen Bühnenmomente noch einmal nachzuerleben.

Am Rande bemerkt: Der Journalist und Regisseur DIRK BÖHLING hat diesen besonderen Geistern sogar einen Einakter mit Musik gewidmet. In THEATERGEISTER (Uraufführung 2000) erwachen die Requisiten zum Leben.

Aberglaube rührt also aus einstmals sinnhaften Ritualen. Das erklärt, warum Theater geradezu Horte des Aberglaubens sind. Denn der Theaterbetrieb erfordert von allen Beteiligten präzises, diszipliniertes Arbeiten und treffsichere Routinen. Einsätze, Umbauten, Licht, Ton – alles greift ineinander wie ein komplexes System aus kleinen und großen Zahnrädern. Und nur, wenn alles und alle präzise »funktionieren«, funktioniert die Inszenierung, kann die Aufführung gelingen.

Den Tugenden Ordnung und Disziplin wird daher auch im Theater eine hohe Bedeutung zugemessen. So manche Regel, die früher einen regulierenden Charakter hatte, ist zwar zwischenzeitlich inhaltlich überholt, aber durch den Theateraberglauben etabliert und fester Bestandteil des Theateralltags.

Ein anschauliches Beispiel hierfür: Es ist im Theater verboten, zu pfeifen, denn das bringt Unglück.

In vielen Kulturen wurde und wird das Pfeifen mit Magie und Aberglauben oder gar direkt mit dem Teufel assoziiert. So kommt es nicht von ungefähr, dass ARRIGO BOITOS in seiner Oper MEFISTOFELE selbigen statt singen pfeifen lässt.

Pfeifen erzürnt die Geister und beschwört so Unheil hervor. Und auch abergläubische Schauspieler wissen: Wird auf der Bühne gepfiffen, so wird das Publikum im Saal bei der Premiere pfeifen. Das möchte natürlich keiner.

In der Vergangenheit gab es tatsächlich mehrere rein praktische Gründe, rund um die Bühne nicht zu pfeifen, nämlich um faktisch Unheil oder Unfälle zu verhindern.

Einer der Gründe: Die Theater wurden früher mit Gas beleuchtet. Wenn der Sauerstoff rar wurde, begannen die Lampen zu pfeifen. Das konnte entweder schlicht daran liegen, dass der Brennstoff ausgegangen war, Ursache konnte aber auch ein Leck in der Gaszuleitung sein. Und ausströmendes Gas bedeutete Brand- oder Explosionsgefahr! Um also niemandem einen Schrecken einzujagen: Pfeifen tabu!

Eine weitere Herleitung: Das Pfeifen wurde in der Zeit vor Sprechanlagen und Funkgeräten zur Verständigung hinter der Bühne, unter den Bühnentechnikern (häufig ehemalige Seeleute) genutzt. So konnte das Pfeifen das Kommando zum Heraufziehen oder Herunterlassen eines Zuges sein, so dass sich auf ein »falsches« Pfeifen plötzlich fälschlicherweise ein Teil des Bühnenbildes in Bewegung setzte.

Wenn nicht als Kommando, konnte das Pfeifen aber auch schlicht als Warnung fungieren: Platz da, es wird gerade etwas aus den Zügen heruntergelassen!

Mit dem Einzug moderner Kommunikationsmittel wurde das Pfeifen als Verständigungsmittel auf der Bühne überflüssig. Die Regel ist jedoch bis heute erhalten: Pfeifen auf der Bühne ist verboten!

II. NACH DER VORSTELLUNG
IST VOR DER VORSTELLUNG

Für das Publikum ist ein Abend im Theater ohne Frage etwas ganz besonderes. Es beginnt damit, dass oft die Abendgarderobe bemüht wird. Und unterscheidet sich schon allein dadurch von einem Kinoabend.

Theater ist umgeben von dieser zauberhaften Ausstrahlung, die an früherer Stelle in diesem Buch bereits Thema war und mit dafür Sorge trägt, dass Theater auch in Zeiten von 3-D-Kinofilmen und Dolby Digital-Surround-Sound nicht überflüssig wird.

»Hier lebt das Spiel«, lautete 2009 auch der Werbeslogan des Wuppertaler Schauspielhauses – als Persiflage auf die Werbung des benachbarten Multiplexkinos: »Hier spielt das Leben.« Bedauerlicherweise zeigt die Werbebotschaft des Schauspielhauses den Kontrast zum echten Leben sehr drastisch. Denn es ist traurige Gewissheit, dass eben in diesem Wuppertaler Schauspielhaus zwischenzeitlich das Spiel nicht mehr lebt. Im Juli 2013 fiel dort letztmals der Vorhang. Für eine zweite Bühne neben dem Opernhaus hat die finanziell klamme Stadt Wuppertal kein Geld mehr.

»Verschreit es nicht,« mag der Abergläubische gewarnt haben. Ja, auch wenn es Ungläubigen weit hergeholt scheint: Mit der »Aberglaubensbrille« auf der Nase könnte man die Entwicklung tatsächlich als verschrien interpretieren. Schließlich spielt das Aussprechen von Erwartungen oder Zielen im Aberglauben eine große Rolle. »Jeder kann ohne Absicht etwas oder jemanden beschreien, indem er ihn lobt oder beispielsweise wortreich vom Liebreiz eines Kindes schwärmt,« warnt die Brauchtumsexpertin Dorothea Steinbacher in Abrakadabra und Toi, Toi, Toi... Abergläubische Sprüche und Bräuche – und was dahinter steckt. Denn dadurch macht man die unsichtbaren und unbeschreiblich neidischen und missgünstigen Geister auf sich aufmerksam. Und Steinbacher weiß: »Unter allem bösen Hexenwerk sind es zwei Dinge, die die Menschen bis in unsere Zeit am meisten fürchten: das Verschreien und den bösen Blick.«

Nicht umsonst gibt es hier etablierte Gegenmittel: Schnell drei Mal auf Holz klopfen! – Warum? Es gibt, wie so oft im Aberglauben, verschiedene Erklärungsmöglichkeiten. Exemplarisch möchte ich das tatsächlich sinnvolle »auf Holz klopfen« der Seemänner und Bergarbeiter nennen. Sie prüften auf diese Art die Sicherheit ihres Arbeitsplatzes: Matrosen hatten früher das Recht, am Fuß des Mastes auf das Holz zu klopfen, um so Rückschlüsse auf die

Seetauglichkeit des Schiffes zu ziehen und dann zu entscheiden, ob sie auf diesem Schiff anheuern. Im Bergbau wird das Holz der tragenden Holzstreben abgeklopft, um zu hören, ob es möglicherweise faul oder morsch ist.

Aber auf den bösen Blick und das Verschreien im Theaterkontext kommen wir später zu sprechen. Zunächst nehmen wir einmal die bloße Begrifflichkeit, Theater, unter die Lupe. Denn schon ihr haftet das Kultische und Rituelle an. Das THEATRON im antiken Griechenland war ein Ort, an dem neben politischen, sportlichen und festlichen Veranstaltungen auch kultische Feiern abgehalten wurden.
Unser moderner, deutscher Theater-Begriff ist erst seit der zweiten Hälfte des 18. Jahrhunderts tatsächlich auf das Kunst-Theater eingeschränkt – also auf die Darbietung von Dramen, Opern und Balletten. Und selbst dort spielen Rituale eine wichtige Rolle und zwar ungeachtet dessen, dass Theater und Rituale in der theaterwissenschaftlichen Wahrnehmung zwei verschiedene Paar Schuhe sind. INGRID HENTSCHEL beschreibt es von der theaterwissenschaftlichen Warte in ihrem Aufsatz ZUM VERHÄLTNIS VON RITUAL UND THEATER: Bei der Darstellung auf der Bühne richtet sich der Fokus nicht vorwiegend auf die Geschehnisse an sich, sondern auf die Abhandlung dieser und die Auseinandersetzung damit. Das

gesprochene Wort steht an erster Stelle.
Soweit die wissenschaftliche Sicht der Dinge.

Es sind nicht nur Arbeitszeiten und daraus resultie-
rende Lebensrhythmen, die den Theateralltag außer-
gewöhnlich erscheinen lassen. Auch der Theateraberglaube funktioniert nach besonderen Regeln. Nehmen wir die schwarze Katze von links. Außerhalb des
Theatergemäuers ist sie einer der geläufigsten Unglücksbringer direkt nach der Leiter, die nicht unter-
quert werden darf. Aber im Theater wird die schwarze Katze nicht gefürchtet, im Gegenteil.
Hier gelten Katzen als Glücksbringer, wie damals im
alten Ägypten. Dort vertrieben sie Mäuse und Ratten
aus den Kornkammern, weshalb sie schließlich als
Gottheiten gehuldigt wurden. Ganz so weit geht es an
Theatern zwar nicht, aber auch für einen Kostüm-
fundus ist es wenig hilfreich, wenn sich dort Nager
einnisten, weshalb Katzen schon aus pragmatischen
Beweggründen geschätzt werden. Das bedeutet um-
gekehrt, dass es schon einmal während einer Vorstellung zum Auftritt einer Katze kommen kann, ob-
wohl der in den Regieanweisungen nicht vorgesehen
war.

Hunde hingegen sind am Theater eher verpönt. Sie
gelten als Unglücksbringer oder gar Todesboten.
Dieser Aberglaube findet seinen Ursprung vor allem

auf den britischen Inseln, wo schwarze Hunde als Nachtgespenster gefürchtet werden und als unheilbringend oder übelwollend gelten. Beinahe jede Region hat ihre eigenen Mythen zu den PHANTOM BLACK DOGS, die im Übrigen nicht zwangsläufig schwarz sein müssen. Da besonders die Schauspielerinnen und Schauspieler aus Shakespeares Heimat schon lange auch international agierten, ist es wenig verwunderlich, dass dieser Aberglaube auch die Theater des europäischen Festlandes erreichte.

Spätestens am Beispiel der Katze, die möglicherweise jederzeit auf die Bühne kommen könnte, wird klar: Absurdität und Normalität liegen auf der und rund um die Bühne nah beieinander. »Das Theater ist das schönste und älteste Lügengewerbe der Welt,« beschreibt es der Literaturkritiker GUSTAV SEIBT. »Ein wunderbarer Zauberkasten: Es zeigt wirklich, was in Wirklichkeit nicht ist. Hamlet stirbt und geht anschließend Spaghetti essen.«

Ja, jenseits der roten Plüschsessel im Saal, direkt hinter den Brettern, die die Welt bedeuten (und genau genommen auch darauf), gibt es einen Alltag. Da wird in den Schauspiel- und Opernhäusern einstudiert, probiert, gewerkelt, konzipiert, verworfen, diskutiert, geliebt und gestritten. Aber am aufregendsten bleibt noch immer das, worum es eigentlich am Theater geht. STADLMAIER nennt es einen Kampf:

Schauspielerinnen und Schauspieler liefern sich dem Publikum aus. »Es geht jeden Abend um das Leben, Auge um Auge, Kopf um Kopf.«
Und damit wären wir dann schon fast auf der Bühne angekommen ...

III. LIEBER NACKT ALS IM MANTEL

Sie können sich drehen, können hoch und herunter fahren und sind damit häufig weit mehr als Bretter im einfachen Sinn des Wortes. Je nach Größe und Budget des Hauses stecken die »Bretter, die die Welt bedeuten« in den heutigen Schauspiel- und Opernhäusern mal mehr, mal weniger voll mit High-Tech. Das ändert jedoch nichts daran, dass sich bestimmte Regeln aus der Zeit, da es tatsächlich noch schlichte Bretter waren, auf denen gespielt wurde, bis heute hartnäckig halten. Von dem Verbot, im Theater und auf der Bühne zu pfeifen, sprachen wir an früherer Stelle bereits, in diesem Kapitel widmen wir uns nun weiteren Verhaltensregeln auf der Bühne.

So ist es verboten, auf der Bühne zu essen oder zu trinken, es sei denn, dies geschieht im Rahmen einer Inszenierung und ist durch die Rolle vorgeschrieben. Besonders verpönt ist es zudem, sich bei den Lebensmitteln auf dem Requisitentisch zu bedienen: Über die Moral derjenigen heißt es abfällig (und äußerst derb zugleich): »Wer Requisiten isst, fickt auch Statisten.« Wahlweise kursiert dieser Spruch übrigens mit der Souffleuse als Beischlafpartnerin.

Vor allem am Musiktheater, also in der Oper, hat es rein praktischen Nutzen, auf der Bühne nichts zu essen, wenn es nicht unbedingt notwendig ist – weil von der Regieanweisung vorgeschrieben. Die Singstimme könnte durch zu sich genommene Speisen in Mitleidenschaft gezogen werden. Oder stellen wir uns vor, den Musikern im Orchestergraben liefe in Anbetracht des Essens auf der Bühne das Wasser im Munde zusammen – für diejenigen mit Blasinstrumenten sicher eher hinderlich als förderlich. Und auch alle anderen verzichten gewiss gerne auf Mäuse und Ratten im Theater, die sich dank Speiseresten auf der Bühne reichlich wohlfühlen und vermehren würden.

Das Tabu mag aber auch mit dem Respekt vor dem Bühnenraum respektive der Verehrung desselben zu tun haben. Von vielen Akteuren auf der Bühne – Schauspielerinnen und Schauspielern wie Sängerinnen und Sängern – wurde mir beschrieben, dass die Bühne auf sie die Wirkung einer heiligen Stätte habe. Häufig wird dabei auch der Vergleich mit der Ausstrahlung eines Gotteshauses gezogen. Und wer isst schon in der Kirche?

Während aber dort Kerzen fester Bestandteil der Gottesdienste und auch außerhalb von Kirchen als Symbol für Wärme, Energie und Lebenskraft durchweg positiv besetzt sind, wird offenes Feuer – und sei es nur in Gestalt einer Kerzenflamme – auf der Bühne vermieden. Denn in der Welt des Aberglaubens sind Kerzen wichtige Orakel. Ein bisschen davon ist auch beim heutigen Ausblasen der Geburtstagskerzen noch enthalten: »Wünsch' Dir etwas!« Früher waren abergläubische Menschen der Ansicht, aus der Flamme der Geburtstagskerze das weitere Leben des Geburtstagskindes lesen zu können.

Am Theater ist in Bezug auf offenes Feuer auf der Bühne etwa tradiert, dass die- oder derjenige, die oder der sich als nächstes zur kürzesten von drei brennenden Kerzen aufhält, das Ensemblemitglied ist, welches als nächstes sterben wird. Oder heiraten. Wo genau diese Kombination aus Deutungsfaktoren und Zukunftsaussichten herrührt, ist hingegen nicht überliefert.

Fakt ist: Rein praktisch gesehen minimiert natürlich die Vermeidung offenen Feuers auf der Bühne die Gefahr eines Brandes erheblich. Wie schnell fliegt eine Kerze im Eifer des schauspielerischen Gefechts versehentlich um ...

In dem Zusammenhang sei auch noch einmal an die Gasbeleuchtung in den Theatern erinnert – in Kombination mit offenem Feuer eine sprichwörtlich explosive Mischung. Heutzutage schont dieses abergläubische Verbot das Nervenkostüm der Feuerwehrfrauen und -männer, die während der Vorstellung für den Fall eines Brandes am Bühnenrand ausharren.

Ein weiteres Tabu ist der Einsatz echter Spiegel auf der Bühne. Nach Indizien dafür, dass Spiegel in abergläubischen Sphären eine wichtige Rolle spielen, brauchen wir nicht lange zu suchen. Auch außerhalb von Theatern gilt: Sieben Jahre Pech soll die- oder derjenige haben, der oder dem ein Spiegel zerbricht. Stirbt ein Mensch, werden im Trauerhaus die Spiegel verhängt. Um hier nur zwei Beispiele zu nennen.

Spiegeln haftet der Ruf an, das Tor zur Schattenwelt zu sein, Durchlass für böse Geister und finstere Kreaturen. Betrachten wir die Historie des deutschen Ausdrucks SPIEGEL, erscheint diese Verbindung gar nicht mehr überraschend. Das Schattenbild und das Spiegelbild haben sprachgeschichtlich den gleichen Ursprung und wurden im Mittelhochdeutschen (der Sprache der höfischen Literatur im Hochmittelalter, etwa 1050 bis 1350) noch mit ein und demselben Wort beschrieben: SHATEWE.

Die Antwort auf die Frage nach der ursprünglichen Sinnhaftigkeit des Spiegel-Verbotes liegt auf der Hand: So reflektieren Spiegel das Scheinwerferlicht und blenden möglicherweise das Publikum oder sie nehmen der Bühne ihren Zauber, indem sie nicht sichtbare Bühnenbereiche für das Publikum sichtbar machen. Oder sie spiegeln die Zuschauerinnen und Zuschauer – und die sind ja schließlich nicht da, um sich, sondern die Schauspielerinnen und Schauspieler anzusehen.

Ganz abgesehen davon reduziert der Ausschluss des Einsatzes echter Spiegel auf der Bühne auch die Unfallgefahr. Ein zerbrochener Spiegel bedeutet gefährliche Scherben. Und – wie einleitend erklärt – dann auch gleich wieder Unglück.

Schließlich möchte ich nicht die Regel schuldig bleiben, der dieses Kapitel seinen Titel verdankt: Niemals darf man die Bühne in seinem eigenen Mantel betreten. Genauso gilt es als verboten, Hut tragend auf die Bühne zu kommen. Einerseits lässt sich das natürlich auf die heilige Anmutung des Ortes Theater zurückführen. Andererseits gilt es als für die Schauspielleistung nicht zuträglich, sich auf der Bühne behütet, heimisch, anders gesagt: wohl und damit sicher zu fühlen. Wer sich sicher fühlt, ist anfälliger für Nachlässigkeiten und Schnitzer. Stetiger Respekt vor der Bühne sorgt insofern dafür, jedes Mal voller Konzentration aufzutreten und so Fehler zu vermeiden.

IV. WER REQUISITEN ISST, ...

Was über Akteure auf der Bühne, die Requisiten essen, gesagt wird, haben wir schon thematisiert. Jetzt richten wir unseren Blick auf andere Requisiten, die nicht essbar sind, aber die in abergläubischer Lesart auch bestimmten Regeln und Bedingungen unterliegen.

Da wären zum Beispiel Krücken oder Krückstöcke. Die kommen abergläubischen Theatermacherinnen und -machern nicht auf die Bühne. Gegen den Einsatz von Spazierstöcken ist hingegen ist nichts einzuwenden.

Dass Gehhilfe nicht gleich Gehhilfe ist, liegt schlicht in der unterschiedlichen Symbolik. Die Auslegung medizinisch verordneter Stützen als Zeichen von Krankheit und Versagen (erweitert, nämlich nicht nur bezogen auf das körperliche Versagen) bedarf keiner großen Interpretationskunst.

Dass Spazierstöcke hingegen, die das Gehen nur schmücken, für Gesundheit und Erfolg stehen, liegt nicht direkt auf der Hand. Hier hilft ein Blick in die Geschichte: Im 17. und 18. Jahrhundert entwickelten sich die Spazierstöcke mehr und mehr zu Statussymbolen, die sich Könige und Aristokraten aufwändig verzieren und mit teuren Juwelen und edlen Metallen aufwerten ließen. Quasi die tiefergelegten und getuneten Autos der damaligen Zeit.

Absolut tabu auf der Bühne sind Pfauenfedern. Wegen ihres augenartigen Musters werden sie mit dem bösen Blick in Verbindung gebracht, einem sehr wichtigen Element des Aberglaubens. Von ihm gehen Neid und Niedertracht aus. Wer vom bösen Blick – meist eines Menschen mit magischen Fähigkeiten – getroffen wird, egal ob absichtlich oder unbewusst, wird Unheil erleiden, zu Tode kommen oder Schaden an seinem Besitz nehmen. DITTE UND GIOVANNI BANDINI beschreiben die Wirkung des bösen Blicks sogar als so immens, dass er für Mensch, Tier und Pflanze zum »allgemeinem Dahinsiechen« führt.

EDUARD HOFFMANN-KRAYER ET AL. berichten in ihrem HANDWÖRTERBUCH DES DEUTSCHEN ABERGLAUBENS, dass die Auswirkungen nicht überall als so drastisch wahrgenommen werden. In Orléans etwa gilt, dass Pfauenfedern im Haus – kein Scherz! – schlechten Einfluss auf Saucen haben, sie nämlich ungenießbar machen. Das mag in mancher Situation auch sehr schlimm sein, ist aber harmlos im Vergleich mit dem üblicherweise vermuteten Schaden für Leib und Leben.

Von Theaterbühnen jedenfalls sind die Pfauenfedern – sicher ist sicher – verbannt und bleiben bei der Ausstattung von Bühnenbildern außen vor.

Gleiches widerfuhr lange Zeit frischen Blumen, ebenfalls mit Hinweis auf den Aberglauben. Dieser mag als Begründung, auf echte Blumen zu verzichten, aber nicht so recht herhalten. Vielleicht ist es deshalb heute eben doch vielfach üblich, echte Blumen zum Einsatz zu bringen, besonders dann, wenn sie »bespielt«, also von den Schauspielerinnen und Schauspielern tatsächlich in die Hand genommen und so Teil der Handlung werden.
Vermutlich waren es vor allem die praktischen und wirtschaftlichen Beweggründe, die diesen Aberglauben formten. Nicht nur, dass frische Blumen unter dem gleißenden Scheinwerferlicht schnell nicht mehr schön aussehen, sie sind vor allem teuer. Und sprengten damit vor allem zu Zeiten der Wanderbühnen so manches Budget.

Wenn Sie Puppen bislang für ein harmloses Kinderspielzeug hielten, fragen Sie 'mal einen abergläubischen Theatermenschen! Dieser wird Sie warnen, insbesondere Babypuppen stets mit dem Gesicht nach unten auf den Requisitentisch zu legen. Denn in den Körper der Puppe könnten sich Poltergeister eingenistet haben. Durch die Augen könnten die Geister aus der Puppe entweichen und dann beginnen, im Theater ihr Unwesen zu treiben. Nicht auszudenken, wenn sie mit übernatürlicher Schikane wie Klopfgeräuschen oder umherfliegenden Möbeln den Proben- oder Vorstellungsbetrieb torpedieren würden.

Ja, Skurrilitäten haben wir auf den letzten Seiten schon einige thematisiert. Und der folgende Aberglaube ruft gewiss auch wieder große Fragezeichen hervor. Denn auf der Bühne sind Stricknadeln verboten.

Begründung: Damit könnten die Schicksalsgöttinnen ein Netz stricken, in dem sich die ganze Produktion verfängt.

Das Verbot überrascht nicht, denn Nadeln sind im Aberglauben grundsätzlich von Bedeutung – allerdings je nach Region und Tradierung völlig gegenläufig. So bringt etwa die gefundene und aufgehobene Nadel in zahlreichen deutschen Landstrichen Pech in der Liebe oder gar das kalte Fieber mit sich, während sie – in England gefunden – ein Glücksbringer ist.

Warum die Stricknadeln auf der Bühne verboten sind, hat jedoch noch eine weniger mystische Erklärung: Leicht könnten durch sie Kostüme beschädigt oder – schlimmer – Schauspielerinnen und Schauspieler verletzt werden. Aus gleichem Grund sind übrigens Stielkämme der Bühne fernzuhalten.

Schließlich besitzt am Theater auch eine ganz klassische abergläubische Regel Gültigkeit: Stell' keine Schuhe auf einen Tisch.

Tut man dies doch, droht mindestens Unglück, wenn nicht gar der Tod. Blicken wir in die Historie, ist leicht erklärt, warum: Früher wurden die Toten zunächst in dem Haus, in dem sie gestorben waren, in voller Montur auf einem Tisch aufgebahrt. Schuhe auf einem Tisch waren also stets ein Indiz, dass jemand gestorben war.

V. Generalprobe

Das Ziel ist fast erreicht. In der Generalprobe wird der Ernstfall geprobt. Am Schauspiel in der Regel einen, an der Oper meist zwei Tage vor der Premiere wird das Stück in der Form, in der es dann dem Publikum präsentiert werden soll, auf die Bühne gebracht. Und mit der Generalprobe ist der wohl bekannteste Theateraberglaube verbunden: Je schlechter die Generalprobe, desto besser die Premiere. Hier geht es wieder um den mehrfach angesprochenen Respekt und vor allem die Konzentration. Wenn in der Generalprobe alles glatt läuft, ist das insofern ein schlechtes Zeichen, als dass sich die Akteure auf der Bühne zu sicher fühlen könnten und dann bei der Premiere nachlässig werden und Fehler machen. Passieren diese jedoch in der Generalprobe (und zwar gerne reichlich), reißen sich bei der Premiere alle umso mehr am Riemen und bringen ein vorzeigbares Ergebnis auf die Bühne. Was natürlich nicht heißen soll, dass es erlaubt wäre, in der Generalprobe absichtlich Fehler zu machen oder herbeizuführen.

Darüber hinaus gibt es noch weiteres abergläubisches Regelwerk, das sich um die Generalprobe rankt. Bevor es jedoch zu dieser letzten Probe kommt, bestehen alte Theaterhasen auf sechs vollständige Durchläufe, sodass es schließlich sieben Durchlaufproben bis zur Premiere zählt. Soviel Zeit muss sein und die Glückszahl Sieben wird gewiss zum Erfolg der Inszenierung verhelfen.

Möglichst fehlerhaft sollte die Generalprobe sein, vor allem aber darf die Inszenierung noch nicht abgeschlossen werden. Zur Vollendung darf es erst am Premierenabend kommen, deshalb wird in der »GP« häufig darauf verzichtet, die letzte Textzeile zu sprechen oder den letzten Takt zu spielen. Wobei anzumerken ist, dass das zum einen selten beachtet wird, es zum anderen heutzutage aber auch gängige Praxis ist, nach der Generalprobe noch Veränderungen an der Inszenierung vorzunehmen, sodass die in der Generalprobe auf die Bühne gebrachte Fassung ohnehin nicht die finale Version des Stücks ist.

Ungleich schreckhafter wird jedoch auf Applaus nach der Generalprobe reagiert. Da besteht Konsens: Der bringt Unglück. Es käme einem Verschreien gleich, wodurch die Geister auf ein erfolgreiches Stück aufmerksam gemacht werden würden. Da die Bewohner der Jenseitswelt grundsätzlich sehr neidisch auf die Menschen im Diesseits sind, sähen sie sich durch eine erfolgreiche Generalprobe herausgefordert, alles in ihrer Macht stehende zu tun, um das Gelingen der Premiere zu verhindern.

Im Diesseits ist es schlicht eine Frage der Motivation. Motor ihrer Arbeit ist für Darstellerinnen und Darsteller auf der Bühne der »Hunger« nach Applaus. Würde dieser schon vor der Premiere gestillt, könnte der Anreiz schwinden, am Abend der ersten Vorstellung höchste Konzentration aufzuwenden und vollen Einsatz zu geben.

Also: Kein Applaus nach der Generalprobe. Dazu gehört übrigens auch eine abergläubische Regel zur Probe der Applausordnung. Meist wird direkt im Anschluss an die Generalprobe eingeübt, wer beim Schlussapplaus wann, von wo und mit wem auf die Bühne kommt, um sich vom Publikum feiern zu lassen. Dabei, so will es das Ritual, darf niemand Hausfremdes mehr im Theatersaal sein.

VI. HALS- UND BEINBRUCH

Es ist soweit, die wochen-, ach: monatelange Proben-
arbeit erreicht ihren Höhepunkt: Die Premiere.

Was liegt da näher, als den Beteiligten Glück für den
großen Abend zu wünschen – und doch tun wir gut
daran, genau das nicht zu tun! Der Effekt eines
Glückwunsches wäre nämlich der gleiche wie der des
Applauses nach der Generalprobe. Lobende Äuße-
rungen und Glückwünsche machen böse Geister aufmerksam und bringen sie auf »dumme Gedanken«.

Was, wenn es doch passiert? Ein »Unberufen!« kann
erste Abhilfe schaffen, aber danach gilt es, ein Proce-
dere abzuarbeiten, das im Übrigen auch bei jeder
anderen Verfehlung gegen den Kanon der abergläubischen Regeln am Theater helfen kann: Schnell raus
ins Freie! Entweder läuft die oder der Unglückselige
dann drei Mal um das Theater oder dreht sich drei
Mal um die eigene Achse. Dann ist ein Lied zu singen
oder zu summen, um gute Geister anzulocken. Mit
einem Zitat aus dem Schlussmonolog von PUCK aus
WILLIAM SHAKESPEARES EIN SOMMERNACHTSTRAUM
endet diese Prozedur:

Wenn wir Schatten euch beleidigt,
O so glaubt – und wohl verteidigt
Sind wir dann –: ihr alle schier
Habet nur geschlummert hier
Und geschaut in Nachtgesichten
Eures eignen Hirnes Dichten.

EIN SOMMERNACHTSTRAUM, 5. Aufzug, 1. Szene

Wurden diese Zeilen rezitiert, darf drei Mal an die Theatertür geklopft und höflich um Einlass gebeten werden.

Besser jedoch, man wünscht erst gar kein Glück, sondern »Toi! Toi! Toi!« Dies wird verbunden mit dreimaligem Spucken über die linke Schulter des Gegenübers oder – am Theater aber seltener – mit dreimaligem Klopfen auf Holz. Wichtig: Das »Toi! Toi! Toi!« darf einer Darstellerin oder einem Darsteller übrigens erst überbracht werden, wenn sie oder er vollständig kostümiert und geschminkt, also in die Rolle geschlüpft ist.

Für das »Toi! Toi! Toi!« gibt es verschiedene Herleitungen. So mag es etwa ein lautmalerisches Nachahmen des Ausspuckens sein. Früher wurde das Ausspucken als unheilbannender Abwehrzauber eingesetzt. Die Lautmalerei entstand möglicherweise in der Zeit, da das Ausspucken mehr und mehr als unappetitlich und unanständig verpönt war.

Eine andere Erklärung für das »Toi! Toi! Toi!« sieht darin die Kurzform von »Teufel! Teufel! Teufel!«. Einige Überlieferungen sagen nämlich, dass der Teufel handlungsunfähig wird, wird sein Name ausgesprochen. Diese Erkärung ist jedoch sehr umstritten.

Als Alternative dazu gibt es noch die Möglichkeit, etwas möglichst Schlechtes zu wünschen, etwa »Hals- und Beinbruch!« Das ruft einerseits keine neidischen Geister auf den Plan, mahnt andererseits zur Wachsamkeit bei der Vorstellung. Beim Blick in den englischen Sprachraum wird deutlich, dass hierin doch ein Glückwunsch enthalten ist: »Break a leg!« lautet die englische Variante. Zu Shakespeares Zeiten gab es verschiedene Applausordnungen, je nach dem, wie lange das Publikum applaudierte. Erst etwas später in dieser Applausordnung kam das Einknicken des Beines nach hinten, das »breaking leg«, der Hofknicks, dazu. Kam es soweit, gab es schon reichlich Applaus, die Aufführung war also ein Erfolg.

Wichtig für Theaterangehörige ist noch die Reaktion auf ein »Toi! Toi! Toi!« oder »Hals- und Beinbruch!« Sich hierauf zu bedanken ist tabu, um den neidischen Geistern nicht aufzufallen. Die richtige Erwiderung lautet etwa »Wird schon schief gehen.«

Tritt eine Schauspielerin oder ein Schauspieler zum allerersten Mal auf diese Bühne, soll zusätzlich ein Tritt in den Allerwertesten Glück bringen. Alternativ tut es auch ein Kniff – denn dann ist die oder der Gekniffene garantiert wach und mit allen Sinnen bei der Sache.

Wenn gleich ein ganzes Theater oder eine Bühne neu eröffnet wird, gilt es vor der ersten Vorstellung ein Stück Kohle in den Publikumsraum zu werfen. Dies symbolisiert Erfolg – nicht zuletzt deshalb, weil wir aus vielen Märchenerzählungen wissen, dass sich Kohlestücke bei entsprechender Wertschätzung auch zu Gold wandeln können. Außerdem gilt Kohle im gemeinen Aberglauben als Schutz gegen böse Einflüsse. In Franken etwa steckte man früher je drei Kohlenstücke in jede Ecke des Bettes, um den ruhigen Schlaf zu beschützen.

Sind also alle »Toi! Toi! Toi!« ausgesprochen, kann bald die Vorstellung beginnen. Jetzt noch schnell einmal durch den Vorhang lugen und schauen, wer im Publikum sitzt – halt! Sie ahnen es! Das bringt Unglück und ist daher verboten. Ganz logisch: Stellen Sie sich vor, Sie entdecken bekannte Gesichter im Publikum oder werden sich der Menge an Menschen bewusst, die auf den Beginn der Vorstellung wartet.

Dass dies das Lampenfieber nur unnötig verstärkt, bedarf keiner großen Vorstellungskraft.

Außerdem gilt auf der Bühne die profane Gesetzmäßigkeit: Wen Du siehst, der kann auch Dich sehen!

Öffnet sich dann der Vorhang und in der ersten Reihe sitzt ein Mensch mit roten Haaren – vermutlich ist es das Beste, den Vorhang gleich wieder zu schließen! Rote Haare sind im Aberglauben mit Hexen assoziiert – kein gutes Omen für die Vorstellung!

Ist dann doch irgendwann alles (mehr oder minder) glatt über die Bühne gegangen, wird die erfolgreiche Premiere gefeiert. Nun wird beglückwünscht und die Darstellerinnen und Darsteller erhalten von der Intendanz des Hauses Blumen. Sind sie abergläubisch, werden sie diese aber nicht selbst behalten, sondern weiter verschenken. Geteiltes Glück kehrt doppelt zurück.

EPILOG

Über Hintergründe, Sinn und Unsinn des abergläubischen Regelwerks an Theatern und Opernhäusern haben wir auf den zurückliegenden Seiten einiges erfahren. Dass dieses Buch allenfalls ein Einstieg in das Thema sein kann, hatte ich eingangs schon erwähnt. Es bleibt stets Unerklärtes weil bisweilen auch Unerklärliches. Darüber hinaus gibt es die vielen regionalen Verschiedenheiten und Eigenheiten, die zur Entwicklung besonderer Rituale vor Ort geführt haben.

Fest steht: Rituale beruhigen die Seele, sie erleichtern Prozesse, besonders, wenn es stressig wird. So funktionieren auch die Regeln des Theateraberglaubens.
Gleichzeitig, bestätigen Psychologen, festigen abergläubische Tendenzen das Gruppengefühl. Das Zusammengehörigkeitsgefühl der Theaterangehörigen wird gestärkt. Wenn man es negativ ausdrücken will, entsteht sogar ein Gruppenzwang – an dem sich durchaus auch einige junge Schauspielerinnen und Schauspieler stören, wie ich hier und da bei meiner Recherche feststellen konnte.

Für viele verleiht oder erhält der Theateraberglaube dem Theater aber auch genau den Zauber, der gemeinhin mit der Arbeit am Theater assoziiert wird und Publikum wie Ensemble gleichermaßen in seinen Bann zieht. Er entfaltet quasi seine Wirkung als Gegengift gegen Alltag und Mittelmaß, dem sich auch der künstlerische Betrieb immer zu entziehen vermag.

Schließlich steckt der Theateraberglaube gewisse Spielregeln für den großen Spielplatz ab, auf dem das Spielen schöner ist als die Wirklichkeit, wie Schauspieler und Musiker ULRICH TUKUR gegenüber Journalistin ANDREA KUNSEMÜLLER einmal beschrieb.

Wenn Sie nach unserem kleinen Ausflug in die Welt des Theateraberglaubens neugierig geworden sind – sei es auf das Thema Aberglaube oder auf die Arbeit an Theatern und Opernhäusern: Auf den folgenden Seiten habe ich noch ein paar Leseempfehlungen und Literaturhinweise für Sie.

Und wer sich immer noch wundert, wie am aufgeklärten Theater so viel Platz für abergläubische Tendenzen sein kann, dem liefert vielleicht EMANUEL GEIBEL die Erklärung:

Glaube, dem die Tür versagt,
steigt als Aberglaub' ins Fenster.
Wenn die Götter ihr verjagt,
kommen die Gespenster.

QUELLENVERZEICHNIS UND LITERATURHINWEISE

BANDINI, DITTE UND GIOVANNI: Kleines Lexikon des Aberglaubens. Originalausgabe. Deutscher Taschenbuchverlag. München 1998.

BOLOGNE, JEAN-CLAUDE: Magie und Aberglaube im Mittelalter. Albatros Verlag. Düsseldorf 2009.

DANZIGER, PETER: Die Alphabetische Thalia. Alles (oder fast alles) rund ums Theater von A – Z. Luftschacht. Wien 2004.

VON DÜFFEL, JOHN: Bitte nicht pfeifen! Eine Verteidigung des Aberglaubens auf der Bühne. In: KHUON, ULRICH (Herausgeber): Beruf: Schauspieler. Vom Leben auf und hinter der Bühne. Edition Körber-Stiftung. Hamburg 2005.

FISCHER-LICHTE, ERIKA: Theaterwissenschaft. Eine Einführung in die Grundlagen des Faches. Narr Francke Attempto Verlag. Tübingen 2010.

VON GOETHE, JOHANN WOLFGANG: Maximen und Reflexionen. Marixverlag. Wiesbaden 2012.

GRONEMEYER, ANDREA: Theater. Ein Schnellkurs. Neuausgabe. DuMont Buchverlag. Köln 2009.

HARMENING, DIETER: Wörterbuch des Aberglaubens. 2., durchgesehene und erweiterte Auflage. Philipp Reclam jun. Stuttgart 2009.

HENTSCHEL, INGRID: Zum Verhältnis von Ritual und Theater. In: Hentschel, Ingrid und Hoffmann, Klaus: Theater - Ritual – Religion. Lit Verlag. Münster 2004.

HOFFMANN-KRAYER, EDUARD und BÄCHTOLD-STÄUBLI, HANNS: Handwörterbuch des deutschen Aberglaubens. Band 8. Silber – Vulkan. Walter de Gruyter Verlag. Berlin 1974.

HOPE, DANIEL: Toi! Toi! Toi! Pannen & Katastrophen in der Musik. 2. Auflage. Rowohlt Verlag. Reinbek 2011.

KUNSEMÜLLER, ANDREA: Spielen ist schöner als die Wirklichkeit. In: MEIßNER, GERD (Herausgeber): Alles Theater. Schauspieler werden – aber wie? Originalausgabe. Rowohlt Taschenbuch Verlag. Reinbek 1987.

MICHAEL, FRIEDRICH UND DAIBER, HANS: Geschichte des deutschen Theaters. Erste Auflage. Suhrkamp Taschenbuch Verlag. Frankfurt am Main 1989.

SARTRE, JEAN-PAUL: Mythos und Realität des Theaters. Aufsätze und Interviews 1931-1971. Deutsche Erstausgabe. Rowohlt Taschenbuch. Reinbek 1979.

SCHMIDT, Sophie: Die Theatergeister - Aberglaube am Theater Nr. 2 (Kolumne Sophie Schmidt #5) http://westfaelisches-landestheater.de/rund-ums-wlt/hinter-den-kulissen/die-theatergeister---aberglaube-am-theater-nr-2-kolumne-sophie-schmidt-5/ (Letzter Aufruf 5. Oktober 2015)

SHAKESPEARE, WILLIAM: Ein Sommernachtstraum / Der Kaufmann von Venedig / Viel Lärm um nichts / Wie es euch gefällt / Die lustigen Weiber von Windsor. Diogenes Verlag. Zürich 1979.

SHAKESPEARE, WILLIAM: Sämtliche Werke in vier Bänden. Band 4. Aufbau Verlag. Berlin 1975.

STADELMAIER, GERHARD: Letzte Vorstellung. Eine Führung durchs deutsche Theater. Eichborn Verlag. Frankfurt am Main 1993.

STEINBACHER, DOROTHEA: Abrakadabra und Toi, Toi, Toi... Abergläubische Sprüche und Bräuche – und was dahinter steckt. Originalausgabe. Wilhelm Heyne Verlag. München 2007.